Inhalt

Innovationen - Controlling sichert eine nachhaltige Unternehmensentwicklung

Kernthesen

Beitrag

Fallbeispiele

Weiterführende Literatur

Impressum

Innovationen - Controlling sichert eine nachhaltige Unternehmensentwicklu

M. Westphal

Kernthesen

- Innovationen sind für den langfristigen Erfolg von Unternehmen von großer Bedeutung.
- Die Entwicklungsprozesse von radikalen Innovationen sind von großer Unsicherheit hinsichtlich ihres Erfolgspotentials gekennzeichnet.
- Die Innovationsprozesse sind häufig von Ressourcenverschwendung gekennzeichnet.
- Nur ein stringentes Controlling, welches

kontinuierliche Risiko-Nutzen-Analysen durchführt und sämtliche Innovationsprozesse im Unternehmen überwacht, kann für effiziente Ressourcenverwendung sorgen.

Beitrag

Trotz der hohen Bedeutung, die Innovationen für die langfristige Sicherung des Unternehmenserfolgs haben, mangelt es an geeigneten Steuerungsinstrumenten, die richtigen Innovationsprodukte zu entwickeln und diesen Prozess auch noch effizient zu gestalten.

Unternehmen müssen eine leistungsorientierte Innovationskultur etablieren

Unternehmen müssen sich stärker an der erfolgreichen Entwicklung und Umsetzung von Innovationen ausrichten. Wichtig ist es aber, nicht eine Kultur von Innovationen um jeden Preis zu etablieren, sondern eine leistungsorientierte Innovationsorientierung. Innovationen müssen für das Unternehmen aber auch für jeden Mitarbeiter als

erstrebenswertes Ziel verankert werden.
Innovationen stellen für ein Unternehmen stets Neuerungen dar. Das Problem für das Management und damit auch das Controlling besteht darin, dass es für die jeweilige Innovation keine Erfahrungswerte über Entwicklungsphasen und/oder den wirtschaftlichen Erfolg gibt. Somit sind sie immer auch von großen Risiken begleitet, welche häufig nicht objektiv bewertet werden können. Für einen erfolgreichen Innovationsprozess in Unternehmen ist aber auch eine gewisse Risikobereitschaft notwendig wie auch ein tolerantes Umgehen mit jederzeit möglichen Misserfolgen.

Nur ein stringent an den Anforderungen des Innovationsprozesses ausgerichtetes Controlling kann einen effizienten wie aber auch effektiven Innovationsprozess sicherstellen und damit die langfristige Überlebensfähigkeit des Unternehmens garantieren.

Die Reallokation von Ressourcen aus Entwicklungsaufwendungen für bestehende Produkte zu radikal neuen Innovationen gestaltet sich schwierig

Viele erfolgreiche Unternehmen versäumen es, ihr Geld, nicht nur in Techniken zu investieren, die ihre derzeitigen Kunden zufrieden stellen, sondern eben auch in neue Projekte. Die Frage, wie viel Gewinn eine Investition abwirft, lenkt die Mittel oft automatisch in die Evolution bestehender Technologien, da hiermit die Bedürfnisse der bestehenden Kunden besser befriedigt werden. So ist aufgrund eines bekannten Marktes und bekannter Kundengewohnheiten ein Return on Investment relativ gut ermittelbar. Für neue Technologien und die damit verbundenen Unsicherheiten gilt dieses nicht. (3)
Beispiele für Marktführer, die neue Trends versäumt haben, gibt es genug. So stiegen Goodyear und Firestone erst sehr spät in den Markt für Radialreifen ein. Der Markt für Kleinkopierer wurde nicht vom Branchenführer Xerox, sondern von Canon erschlossen. IBM versäumte den rechtzeitigen Einstieg in den Markt für Midrange-Computer. (3)
Zwar sind auch die großen Marktführer immer an der Spitze in Bezug auf Entwicklung und Vermarktung ihrer Technologien. Allerdings gilt dieses nur für Technologien, die die Bedürfnisse ihrer Hauptkunden erfüllen. Sobald neue Technologien vielleicht (zunächst) nur Nischen ansprechen, standen diese Unternehmen selten in der ersten Reihe der Innovatoren.
Es ist mit den traditionellen rationalen

Investitionsmethoden kaum möglich, finanzielle Ressourcen von Projekten umzulenken, die bekannte Kundenbedürfnisse erfüllen und sie in Projekte neuer Märkte oder Kunden zu lenken. Damit sind die Unternehmen aber auch blind für die Chancen neuer Technologien in neuen Märkten. Gerade der Fokus auf bestimmte Leistungsmerkmale, die dem Kunden heute wichtig erscheinen, verdeckt die Sicht auf die Potentiale von innovativen Ansätzen. So versäumte Seagate die Entwicklung von kleineren Bauformen von Festplatten. Die neuen, kleineren Platten hatten nicht die vom Markt geforderte Speicherkapazität. Die Vorteile aus geringerer Größe, günstigeren Herstellungskosten, geringeren Gewichts und geringeren Stromverbrauchs wurden dabei aber genauso außer Acht gelassen wie die Tatsache, dass sich auch von diesen kleinen Speichermedien die Speicherkapazität steigern lässt. (3)
Neue Technologien sind für etablierte Unternehmen häufig wenig attraktiv. Die Entwicklung der neuen Märkte ist schwer vorherzusagen und die zunächst offensichtlichen kleinen potentiellen Erträge aus neuen Märkten sind nicht ausreichend, um entsprechende Mittel zu reallokieren. Da die Manager daran gemessen werden, wie erfolgreich sie die Mittel des Unternehmens verwenden, ist es eigentlich sogar verständlich, warum die Gelder nur in Projekte mit bekanntem Ausgang gelenkt werden. (3)
Um nun Technologien zu erkennen, die das Potential

haben andere vom Markt zu verdrängen, und diese zu bewerten, bietet sich folgendes Vorgehen an:
- Klärung, ob es sich bei vorliegender Technologie um etwas bahnbrechend Neues handelt oder nur um eine erweiterte Produktpflege.
- Die strategische Bedeutung der neuen Technologie muss gewissenhaft analysiert werden.
- Identifikation des Ausgangsmarktes für die neue Technologie, wobei dies aber nicht mit standardisierter Marktforschung durchgeführt werden kann, da es noch keinen konkreten zu untersuchenden Markt gibt.
- Die neue Technologie muss von einer neuen und unabhängigen Einheit gesteuert werden, deren langfristige Unabhängigkeit sicher gestellt ist. (3)

Für erfolgreiche Innovationen ist nicht nur die Qualität des neuen Produktes von Bedeutung, sondern auch die schnelle Marktreife

Auch Time-to-Market-Gesichtspunkte spielen im Innovationsprozess eine große Rolle. Gerade die

Standardisierung der Innovationsprozesse auch im Hinblick auf Entwicklungspartnerschaften mit Partnerunternehmen muss deshalb im Fokus der Controlling-Betrachtungen liegen. Zur Sicherung ihrer Wettbewerbsfähigkeit investieren Unternehmen sehr viel Geld in ihre Innovationen. Allerdings sind Wettbewerbsvorteile, die auf Innovationen basieren, heute von immer kürzerer Dauer. Deshalb kommt dem Time-to-Market-Prozess eine große Bedeutung zu, um die Zeitspanne zwischen Produktentwicklung und Serienproduktion und damit Markterschließung zu verkürzen. Nur so können die aus Innovationen resultierenden Pioniergewinne realisiert werden. Organisations-, Kommunikations- und Schnittstellenprobleme im Unternehmen aber auch mit den Anlaufpartnern müssen frühzeitig durch das Controlling aufgezeigt und entsprechende Lösungen initiiert werden. (6)

Auch in Dienstleistungsunternehmen spielt die effiziente Entwicklung neuer Service-Produkte eine große Bedeutung

Dienstleistungsunternehmen werden für die deutsche Wirtschaft immer wichtiger. So ist im Jahre 2005 bereits 70 Prozent des Bruttosozialprodukts im Dienstleistungssektor erwirtschaftet worden.
Auch Dienstleistungsunternehmen arbeiten ständig an der Entwicklung innovativer Service-Produkte. Nur durch attraktive, neue und einzigartige Services können Kunden gebunden oder gewonnen werden. Aber wie in der Industrie, so überleben auch im Dienstleistungsbereich die wenigsten Ideen sehr lange auf dem Markt. Derartige Markteinführungen sind sehr teuer. Das Zurücknehmen solcher Produkte ist dann häufig nicht nur mit Kosten, sondern auch mit Imageschäden verbunden. So werden derzeit noch 30 50 Prozent der neu entwickelten Dienstleistungen wieder vom Market genommen. Schon möglichst frühzeitig im Kreativprozess der Produktentwicklung muss der Innovationsprozess riskante von chancenreichen Ideen unterscheiden. Ein formalisierter Entwicklungsprozess kann auch bei Dienstleistungen die Effizienz erhöhen. (1)
Die nach Ingenieurmethoden gestaltete Vorgehensweise ist auch als Service-Engineering bekannt. Dieser Prozess sollte aber noch um strukturierte und formalisierte Risiko- und Chancenüberlegungen erweitert werden. So können zweifelhafte Projekte dann auch frühzeitig abgebrochen werden, um so Kosten zu sparen. Kennzahlen, die herangezogen werden können, um

das Verhältnis zwischen Chancen und Risiken aufzuzeigen, können miteinander kombiniert werden:
- NPV at Risk (Net Present Value)
- IRR (Internal Rate of Return oder Interner Zinsfuss)
- Payback-Dauer
- Project Risk Rating
- Project Assessment
- Attraktivitäts-Risiko-Portfolio.
(1)
Die gesamte Methodik basiert auf dem Attraktivitäts-Risiko-Portfolio, um Chancen und Risiken gleich gewichtet miteinander abzuwägen. Eine kontinuierliche Überprüfung während des Entwicklungsprozesses bewahrt vor teuren Fehlentwicklungen und zeigt auch den Trend der Produktentwicklung auf, da die jeweilige Veränderung des Chancen-Risiko-Assessments aufgezeigt wird. (1)

Für die Grundlagenforschung besteht bisher überhaupt kein etabliertes Controlling-System

Controlling muss nicht erst im Prozess der eigentlichen Produktentwicklung ansetzen, sondern kann bereits in der Grundlagenforschung beginnen.

Hier ist es allerdings deutlich schwerer, objektive Kriterien festzulegen, die eine Bewertung der einzelnen Projekte ermöglichen.
Alleine der Bereich der staatlichen Projektförderung von Hochschulen und Forschungseinrichtungen hat im Jahre 2006 einen Betrag von 17,2 Milliarden Euro ausgemacht. Allerdings gibt es auch für diesen großen Geldbetrag keine Aussage, wie effizient die Gelder verteilt sind und eingesetzt werden. (2)
Dabei wird der Großteil der Gelder in technologieorientierte Projekte investiert, wohingegen geisteswissenschaftliche Einrichtungen nur spärlich bedacht werden. So werden in Deutschland die Forschungsgelder in einem Zweisäulenmodell an Universitäten und öffentliche Forschungseinrichtungen verteilt. Es fließen aber auch Forschungsgelder direkt in die Wirtschaft. Bei der Verteilung der Gelder schneiden Universitäten unterdurchschnittlich ab. So wurde aus dem Topf des Bundesministeriums für Bildung und Forschung, welcher im Jahre 2007 5,8 Milliarden Euro umfasste nur 1,75 Milliarden Euro an Universitäten gegeben. Von den 2,19 Milliarden Euro des Wirtschaftsministeriums flossen nur 120,9 Millionen Euro an Universitäten. (2)
Öffentliche und private Forschungsaufwendungen in Deutschland machen 59 Milliarden Euro aus (2,5 Prozent des Bruttoinlandsprodukts/BIP), wobei hiervon 41 Milliarden von der Wirtschaft erbracht

werden. Allerdings fließen die Forschungsaufwendungen der Wirtschaft zu nahezu der Hälfte inzwischen ins Ausland ab. Die EU hat für ihre Mitgliedsstaaten einen Standard festgelegt gemäß dem drei Prozent des BIPs in Forschungsaufwendungen investiert werden müssen. (2)
Gemäß einer Studie aus dem Jahre 1999 mangelt des dem deutschen Forschungssystem aber an einem kontinuierlichen Monitoring und einem sich selbst vorantreibenden System der Qualitätssicherung. Das Problem besteht darin, Qualität in der Wissenschaft zu messen. Gerade in der Grundlagenforschung gibt es im Gegensatz zu Wirtschaftsgütern keinen Markt, der über die Qualität der Arbeiten entscheidet. In der Forschung weiß man nie gewiss, wo man am Ende landet und demnach, was das ausgegebene Geld wirklich bewirkt. Die Wissensevolution bedingt also unweigerlich, dass Geld auch in Projekte ohne nützliches Ergebnis investiert wird. So hätte die Bevölkerung manchmal von der Investition in eine Ortsumgehung mehr, als von einem Meilenstein in der Grundlagenforschung zu kondensierter Materie. (2)

Fallbeispiele

Der deutschen Automobilindustrie wird im Rahmen ihrer Controlling- und Innovationsprozesse eine Modellpolitik vorgeworfen, die durch Pseudo-Innovationen und aufwendige Imagekampagnen geprägt ist. Außerdem wird die Steigerung der Absatzzahlen durch die Erhöhung der Modelle und Varianten angestrebt. Der Fokus liegt auf Differenzierung durch emotionalisierende Markenbotschaften und technologische Funktionen, die aber häufig der Kreativität der Ingenieure entspringen und nicht den Wünschen der Endverbraucher. Daraus resultieren entsprechend viele Funktionen, die aus Sicht des Verbrauchers nicht nutzbringend oder wahrnehmbar sind. Somit verschlechtert sich bei den deutschen Autobauern die Profitabilität, da sie zwar ihren Absatz steigern, nicht aber ihre Kostenposition, da für die neuen Leistungsmerkmale nicht die entsprechenden Erträge erwirtschaftet werden. (5)

Weiterführende Literatur

(1) Risikomethoden im Service-Engineering-Prozess aus ZFO - Zeitschrift Führung und Organisation 03/2008, S.163

(2) Wer viel hat, dem wird gegeben
aus brand eins, Heft 05/2008, S. 95-102

(3) Bower, Joseph L. / Christensen, Clayton M., Wie sie die Chancen disruptiver Technologien nutzen, Harvard Business Manager, 26.03.2008, S.126
aus brand eins, Heft 05/2008, S. 95-102

(4) Wildemann, Horst, Am Kunden vorbei, Harvard Business Manager, 26.02.2008, S. 8
aus brand eins, Heft 05/2008, S. 95-102

(5) Becker, Helmut / Igova, Silvina, zur Effizienz des strategischen Controllings in der deutschen Automobilindustrie, Controlling, Heft 4-5/2008, S. 259-266
aus brand eins, Heft 05/2008, S. 95-102

(6) Produktionsanläufe als Erfolgsfaktor zur Einhaltung der Time-to-Market Planung mit einem Anlaufreferenzmodell
aus Zeitschrift für wirtschaftlichen Fabrikbetrieb, Heft 4/2008, S. 236-239

Impressum

Innovationen - Controlling sichert eine nachhaltige Unternehmensentwicklung

Bibliografische Information der deutschen Nationalbibliothek

Die Deutsche Nationalbibliothek verzeichnet diese Publikation in der deutschen Nationalbibliografie; detaillierte bibliografische Daten sind im Internet über http://dnb.d-nb.de abrufbar.

ISBN: 978-3-7379-0060-7

© 2015 GBI-Genios Deutsche Wirtschaftsdatenbank GmbH, Freischützstraße 96, 81927 München, www.genios.de

Alle Rechte vorbehalten. Dieses Werk ist einschließlich aller seiner Teile – z.B. Texte, Tabellen und Grafiken - urheberrechtlich geschützt. Jede Verwertung außerhalb der Grenzen des Urheberrechtsgesetzes bedarf der vorherigen Zustimmung des Verlags. Dies gilt insbesondere auch für auszugsweise Nachdrucke, fotomechanische

Vervielfältigungen (Fotokopie/Mikroskopie), Übersetzungen, Auswertungen durch Datenbanken oder ähnliche Einrichtungen und die Einspeicherung und Verarbeitung in elektronischen Systemen.